Le travail et nous

Nestor Klaxon

Le travail et nous

Historiettes et textes courts
pour relativiser
la valeur « travail »

© 2019, Nestor KLAXON

Édition : BoD – Books on Demand

12/14 Rond-Point des Champs Elysées 75008 PARIS

Impression : BoD – Books on Demand,

Norderstedt, Allemagne

ISBN : 9782322137244

Dépôt légal : Août 2019

Photo 4ème de couverture :

Image libre de droit / Pixabay (août 2019)

Avertissement

Derrière les discours sur le travail (ou sur la guerre, l'économie, le chômage, etc...), il y a toujours des hommes et des femmes réels qui vivent, parfois bien, souvent mal, des hommes et des femmes qui se battent ou qui souffrent, mais aussi d'autres qui profitent largement, loin des contingences.

Écrire, jouer ou mettre en scène les situations qui posent problème peut être salutaire, au même titre qu'une rigoureuse étude sociologique sur les conditions de travail, par exemple. Ce recueil se propose, modestement, de représenter certains mécanismes et comportements, et parfois de les dénoncer – quitte à forcer le trait, à présenter telle situation de manière très crue ou à employer le second degré. Il offrira peut-être un peu de recul pour mieux comprendre ce qui est acceptable ou non : que peut-on faire subir, que peut-on laisser subir à un être humain sans glisser tant soit peu de la catégorie des « dirigeants investis qui agissent pour la bonne cause » à celle des « écraseurs sans scrupules » ?

Le débat peut s'ouvrir, à chacun de se faire son idée : un écrivain ne dit pas forcément ce qui est, il dit ce qu'il voit, ce qu'il sent, ce qui sera, ce qui était, ce qui ne sera peut-être jamais, ou ce qui ne devrait pas être.

Bonne route à toutes et à tous !

Nestor Klaxon

Nota Bene

Les textes de ce recueil sont tous absolument fictifs.
Toute ressemblance avec des personnages ou
des situations existantes serait purement fortuite
et due aux constantes de la nature humaine.

Échauffement

Le jeu, c'est bon pour la santé. (J'entends par-là le jeu « ludique », et non pas les paris hippiques ou sportifs, dont le bénéfice pour les joueurs est plus que discutable.)

Pour entrer en douceur mais de plein pied dans le sujet qui nous préoccupe, à savoir le monde du travail, prenons justement le temps d'un petit jeu. A vous de trouver parmi les phrases des deux pages suivantes, si elles ont pu être prononcées par :

A / un actionnaire

C / un collègue

I / un intérimaire

D / un dirigeant

E / un employé subalterne

(NB : Les réponses ne se trouvent <u>pas</u> à la fin de cet opuscule).

	A	C	I	D	E
Vu le nombre de réunions, on se demande parfois quand est-ce qu'on peut bosser.					
Sans vouloir être désagréable, avec le salaire que vous touchez, vous pourriez être plus poli.					
Désolé, mais sur ce type de poste, on ne compte pas ses heures.					
Je suis nâââvré de vous annoncer que nous allons devoir nous sépââârer de quelques collaborateurs.					
Il faut absolument rationaliser les emplois du temps.					
Non mais vous comprenez, avec ce que je gagne, je ne vais tout de même pas me préparer des sandwichs !					
Vite, fermez les portes, sinon ils vont rentrer !					
J'en ai une bonne : tu connais la différence entre un patron et un employé ?					
Un mois seulement ? Bah, j'en ai connu souvent des plus courts.					
J'imagine que vous ne fournissez ni le vélo ni le sac isotherme pour les livraisons ?					

Alors le travail collaboratif, ce n'est pas difficile : tu dis à tes gars ce qu'ils doivent faire, et ensuite, ils se démerdent pour savoir comment ils y arriveront.					
De réunions en réunions, on se demande parfois quand est-ce qu'ils bossent.					
Le numérique et internet, c'est vraiment un outil formidable pour nous.					
Et le hangar, tu crois qu'il va se nettoyer tout seul, espèce d'enflure ?					
Dix pourcents de hausse ? Mais c'est formidable !					
Bah, tu t'y feras, moi, ça fait 15 ans que je le supporte.					
Oh ben, tu sais, si on se mettait la rate au court-bouillon pour changer nos procédures à chaque fois que la loi change, on serait pas beaux à voir.					
0,1 % de hausse, mais c'est formidable !					
C'est bien simple, si vous ne progressez pas de 10%, je revends dans les 6 mois, après avoir dégraissé moi-même les effectifs. Mais vous ferez ça mieux que moi.					

Le pourquoi des choses

Je travaille, je classe, je trie, j'expédie, je traite...
Je travaille, je classe, je trie, j'expédie, je traite...
Je travaille, je classe, je trie, j'expédie, je traite...

>Et je ne sais plus POURQUOI.

Je travaille, je classe, je trie, j'expédie, je traite...

>Je sais très bien COMMENT le faire,
>je suis un PROFESSIONNEL, moi môssieur !
>
>Par contre, je ne sais pas pourquoi
>je fais tout ça à longueur de journée.
>
>Dans le temps, il y a longtemps, il me semble
>que j'étais motivé par quelque chose,
>un but, des valeurs, un projet,
>une ambition individuelle ou collective...
>j'me rappelle pas...

                        Là, simplement, sans me poser de questions,

Je travaille, je classe, je trie, j'expédie, je traite...

                                  Je travaille car il le faut bien
                                        – et quoi faire d'autre ?

Je classe des dossiers...
Je trie des cas ou des papiers...
J'expédie des réponses ou des denrées....
Je traite des demandes administratives ou des problèmes humains pour qu'ils n'en soient plus...

                            Et le fait de ne plus savoir pourquoi
                              ne m'empêche absolument pas
                          de bien faire ce qu'on me demande.
                      C'est même devenu tout à fait normal
                            d'agir SANS Y VOIR DE SENS.

                              Hier, je rédigeais des contrats.

                                  Aujourd'hui, je remplis
                                  des bons de commande...

Et si demain on me demande
d'éditer des factures, de serrer des boulons,
de vider des poissons ou de tuer des canards,
d'expulser des enfants et des vieillards
à coup de matraque,
de torturer ou gazer des êtres humains,
que voulez-vous que ça me fasse ?

Quelle différence ?

Du moment que je fais mon boulot...

Je suis un PROFESSIONNEL, moi môssieur !

Oui, on peut être chef
et incompétent !

Dans le cadre de notre série d'émissions testimoniales et radiophoniques « Parcours et personnages remarquables », nous vous proposons de découvrir un dirigeant fort intéressant, responsable de la branche « restauration collective en petite enfance » du groupe international Trashfood : écoutons le témoignage de **Bernold Faribol.**

Interview réalisée par notre journaliste Alfred Dellacasapasta, en janvier 2016.

A.Dellacasapasta : Bernold Faribol, merci de nous recevoir dans votre villa d'été pour un entretien qui ravira nos auditeurs. Vous occupez aujourd'hui un poste-clé envié par toute la jeune génération : comment êtes-vous arrivé à ce type de hautes responsabilités ?

Bernold Faribol : A vrai dire, ça me paraissait incongru à l'époque, mais un copain m'a dit : « Vas-y, y'en a des plus idiots qui ont des postes plus haut placés. Et puis j'ai rendu service à l'actionnaire principal, je lui toucherai un mot. ».

Alors j'ai pris le poste...

Et effectivement, ce qui m'intriguait un peu au départ n'était finalement pas un réel obstacle : à savoir, diriger, sans aucune formation en management, vingt-cinq mille employés dans le domaine de la restauration collective pour la petite enfance – domaine qui m'était totalement étranger, car j'étais alors formé en psycho-métallurgie.
Bien sûr, au début, j'ai fait semblant de comprendre ce que me disaient les responsables de secteur, j'ai appris quelques termes techniques qui calmaient un peu tout le monde (« oui, vous voyez, le respect du protocole HACCP et des normes ISO, en cas de contrôle des services vétérinaires, vous voyez... »), et j'ai vite vu que cela suffisait.

Et puis, le plus important pour ma réussite sur ce poste a été de faire le moins de choses possible moi-même : les autres travaillent en général si bien, ils ont à cœur de faire tourner la boîte comme il faut, quitte à faire le boulot des autres. C'est magique !

Bon, évidemment, il y a bien eu, une fois ou deux, un employé qui m'a interpellé en me traitant d'incapable... j'ai noyé le poisson, renvoyé la balle à d'autres, qui ont eux-mêmes bien temporisé, et les excités se sont lassés. Souvent, laisser les gens s'énerver sans leur donner de réponse est la meilleure tactique.

A.D : Permettez une question naïve de ma part, n'étant quant à moi pas dirigeant : le « laisser pourrir » est-il une stratégie bien éthique et respectueuse ?

B.F : Bof, moi, ça ne me dérange pas, du moment, qu'au final, on me fout la paix (pardonnez-moi l'expression) et qu'on me laisser diriger. L'avis général, de toute façon, est toujours en faveur de mon type de profil et d'attitude : en haut, on se dit que je ne fais aucune faute professionnelle ni aucune gaffe vraiment dangereuse, et qu'il serait sûrement plus coûteux d'essayer de me virer ; en bas, on se dit qu'on sait ce qu'on a, alors qu'on ne sait pas ce qu'on pourrait avoir (à savoir un directeur encore pire, tyrannique...).

AD : Bernold Faribol, c'est passionnant, mais une question me taraude : comment fait-on pour « durer » sur ce type de poste hautement exposé à des pressions financières, managériales, voire politiques, parfois ?

B.F : Bah, au total, je fais un nombre d'heures assez « léger » : je m'arrange pour être là aux moments clés (rencontrer les personnes influentes au bon moment), et pour faire monter une ou deux actions ultra-visibles par mon équipe de communication (l'affiche sur les 2% de denrées bio dans les crèches, très bon ça ! Je prévois de refaire le coup avec un pourcent de plus de temps en temps). Et le reste du temps, je me repose, parfois un p'tit golf, mais en évitant les tendinites.

Il y a cependant un ingrédient important pour durer : comme on fait parfois des mécontents, il faut s'arranger pour toujours faire des contents également (quitte à utiliser quelques passe-droit). Comme ça, les critiques des uns sont à tout moment tempérées voir décrédibilisées par les avis positifs des autres, et ça suffit à maintenir son image à flot.

Il me reste à peu près 15 ans de carrière, durant lesquelles je verrai encore augmenter mon salaire, sans prendre aucun risque – sauf peut-être la dernière année, où j'aurai sûrement envie de me dorer une réputation de bon patriarche qu'on regrettera, histoire que tout le monde se sente obligé de m'offrir, pour cadeau de départ, de bons vins ou une grosse cagnotte pour un voyage. C'est idiot, mais ça fonctionne : les employés râlent contre leur chef pendant 20 ans, mais au moment du départ, quand même, ils prennent un peu de leur maigre salaire pour participer...

A.D : Bernold, si vous permettez que je vous appelle par votre prénom, que souhaitez vous dire aux étudiants et futurs managers qui pourraient viser ce type de poste ?

B.F : Je souhaite bien sûr dans les années qui viennent faire profiter les jeunes de mon expérience, et j'ouvrirai probablement un cabinet de consultants, pour former les ambitieux fainéants : l'objectif principal serait qu'ils comprennent qu'il n'y a définitivement pas de rapport obligatoire entre la compétence (ou l'éthique) et l'accession à un poste à responsabilité.

Bon, c'est pas tout ça, mais c'est l'heure de la pause, je dois vous quitter. Mais je veux quand même finir par un message d'espoir aux jeunes qui arrivent : si j'y suis parvenu, vous le pourrez aussi, soyez audacieux, l'avenir appartient aux plus malins, pas aux plus compétents !

A.D : Et c'est sur cette note d'espoir que nous nous quittons : rendez-vous la semaine prochaine pour une autre émission autour des « Parcours et personnages remarquables », avec comme invité Norman Komspiel, Président du groupe de luxe « United For Me ».

Où se pose le regard

En entrant dans cette pièce,

Vous voyez peut-être, d'abord,

Le pouvoir que vous pourrez étendre sur les autres,

Les individus que vous pourrez séduire (et dans quel but),

Les ennuis que vous pourriez rencontrer.

Vous calculez peut-être, d'abord,

La richesse ou l'importance de vos hôtes,

Le profit que vous tirerez,

Pour vous-même ou pour d'autres,

De vos rencontres du moment,

Peut-être même rêvez-vous à la place de choix et de pouvoir

Que vous prendrez dans cette société ?

En entrant dans cette pièce,

Lui, ne cherche rien de tout cela,

Il s'en désintéresse comme de sa première dent.

Ce qu'il voit, lui, vous indiffère, c'est...

> L'arrondi d'une rampe en bois,
> signe d'un menuisier minutieux,

L'immense poutre portant l'édifice depuis deux cents ans
Grâce au labeur d'hommes morts depuis longtemps,

L'application et le temps incompressible qu'il fallut
aux peintres pour leurs finitions soignées,

Le plaisir possible de vivre et rencontrer ici d'autres hommes
et femmes d'égale bienveillance et de rigueur comparable
dans la qualité du travail fait,

L'ingéniosité d'un assemblage,
Quelque ancienne pièce de métal prélevée sur quelque vieille
baratte pour renforcer cette charnière qui durera cent ans,

L'enchaînement probable des étapes ayant permis de
remonter un meuble immense derrière une porte minuscule,
tel le bateau entré on ne sait comment dans une bouteille,

La satisfaction probable du maître d'œuvre devant l'équilibre
des volumes intérieurs, qu'il n'aura vu, fini, qu'une fois
ou deux avant de passer à un autre chantier,

Le savoir-faire assuré d'un gars aux doigts durcis par les
travaux, mais qui n'avait pas son pareil pour rénover une
pièce sans aucun angle droit,

Les améliorations qu'un esprit créatif pourrait
porter au tableau, avec quelques outils
et un cerveau affûté,

Ce que lui-même pourrait apporter à ce lieu,
en mobilisant toute son ingéniosité
et son désir de bien faire.

En entrant dans cette pièce,
Serez-vous capable de comprendre
Quoi que ce soit l'un de l'autre ?
Et de travailler ensemble ?

Grille d'évaluation
pour l'écrasement progressif
de la force de travail

« Six mois déjà dans notre entreprise, Mr Quidam ! Comme je vous l'avais annoncé, c'est l'heure de notre premier bilan. Voici le questionnaire à remplir deux fois par an. Soyez honnête à chaque fois ! »

Bilan 1 / Je me sens...

☐ motivé *10* /10

☐ compétent *10* /10

☐ Mon avis global : *10* /10

Tout se passe bien !

Avis du responsable hiérarchique :

« Ok, super, bravo ! Alors du coup, tenez, voilà quelques autres dossiers à traiter en plus, vous ferez ça très bien. »

~~~

Bilan 2/ Je me sens...

> □ motivé *10*/10   □ compétent *10*/10
> □ Mon avis global : *10*/10
> *Je prends les choses en main, ça va*

Avis du responsable hiérarchique :
« Voilà encore d'autres dossiers, et comme Mr Untel est en arrêt, vous gérerez l'équipe aussi. Merci. »

∾∾∾

Bilan 3/ Je me sens...

> □ motivé *10*/10   □ compétent *10*/10
> □ Mon avis global : *9*/10
> *Je prends les choses en main, ça se passe bien, mais c'est chaud !*

Avis du responsable hiérarchique :
« Comme vous êtes bigrement performant (bravo !), voilà quelques dossiers supplémentaires à gérer ; et j'ai le plaisir de vous annoncer que vous êtes également nommé référent *Développement Durable*, bravo ! Pour ces raisons, je vous demanderai de repousser votre demande de congé, ce n'est pas le moment opportun. Merci »

∾∾∾

Bilan 4 / Je me sens...

☐ motivé 8 /10   ☐ formé, compétent 8 /10

☐ Mon avis global : 7 /10

Je fais le maximum et des heures en plus, mais ça ne suffit pas.

Avis du responsable hiérarchique :

« Votre collègue quitte le poste, vous allez aussi devoir assurer l'intérim sur la deuxième équipe, mais on vous fait confiance. Et surtout n'oubliez pas, on vous soutient ! »

∼∼∼

Bilan 5 / Je me sens...

☐ motivé 7 /10   ☐ compétent 7 /10

☐ Votre avis : 6 /10

Impossible de traiter les dossiers dans les temps, et l'urgence permanente implique forcément des erreurs.

Avis du responsable hiérarchique :

« Au fait, Mr Quidam, je suis navré, mais vous ne pourrez pas rattraper vos dépassements d'heures pour l'instant, vous comprenez, l'activité doit continuer. »

∼∼∼

Bilan 6 / Je me sens...

> ☐ motivé 5/10 ☐ compétent 4/10
>
> ☐ Votre avis : 5/10
>
> La situation devient intenable, je suis épuisé, il faut absolument augmenter les moyens humains avant la rupture !

Avis du responsable hiérarchique :

« Nous entendons bien vos alertes et votre surmenage, mais après tout, chacun doit gérer sa charge de travail, vous êtes maître de votre organisation personnelle sur le poste, et bien que nous soyons satisfaits de votre implication, si notre philosophie ne vous convient pas, vous êtes libre de postuler ailleurs. En toute amitié, ce ne sont pas les candidats qui manqueraient pour votre poste. »

~~~

Bilan 7 / Je me sens...

> ☐ motivé 3/10 ☐ compétent 2/10,
>
> ☐ Votre avis global : 3/10
>
> J'ai besoin de repos et de formation, je ne me sens plus compétent pour assumer la charge demandée, j'envisage une reconversion.

Avis du responsable hiérarchique :

« Mr Quidam, nous avons bien conscience de l'exigence de ce poste, mais le contexte est ce qu'il est. Vous avez des qualités professionnelles indéniables, mais comme vous ne vous sentez plus capable d'assurer vos missions, nous allons malheureusement devoir nous séparer du collaborateur que vous êtes. Comme vous le savez depuis votre arrivée, vous avez bien entendu tout notre soutien dans ce moment difficile. (Un détail : votre bureau doit être libre à 10h00, merci). »

Ailleurs peut-être

Ailleurs peut-être, on trouverait des gens
Qui ne se tuent pas à la tâche,
Qui sont tous ensemble leurs patrons - ou bien aucun
Des gens, ailleurs, qui travaillent
Aussi bien qu'ils le veulent

Ailleurs, sûrement, on trouve des organisations,
Où le travail est basé sur les besoins
Et les possibilités de chacun, sur l'intérêt de tous,
Et non pas sur la volonté d'un autre plus influent,
Ou sur les besoins du marché déguisés en intérêt général

Ailleurs, je l'espère, on peut voir des salariés
Qui joyeusement se salarient eux-mêmes,

Des recettes et des profits
Qui profitent à ceux qui les produisent,

Des recettes et des profits
Qui ne suffisent qu'à faire vivre
ceux qui les produisent,

Et non pas à entretenir
les essoreurs de l'économie réelle,
qui trouvent bien normal de bâfrer sans rien foutre,
quand d'autres triment et crèvent pour leur payer du caviar.

Ailleurs, je le sais, cela existe et cela dure, parfois,
D'autres modèles, respectant les humains et la nature.
Ailleurs, c'est sûr, il y a des employés
Qui n'ont pas le corps cassé par des charges inhumaines.

« Ah mais non ! Monsieur, où vous croyez-vous ?
Vous prônez le chaos ? Vous voulez tout renverser ?
On en a déjà vu des utopies dictatisantes
- vers la fin, et même avant.
Si le monde tient, c'est grâce à l'éternelle loi :
L'offre, la demande, l'argent, la foi.
Sans pouvoir ni dominants, l'homme n'est que du vent. »

Peut-être, peut-être,
Mais votre théorie convient surtout aux puissants.

Pourtant, ailleurs, et même ici, on voit...

Alors pourquoi pas ?

elles et Lui

C'était par un beau soir de juin, ils étaient tous réunis pour un dernier verre et quelques amuse-bouche. Ça faisait quand même plus de 35 ans qu'Il bossait là, et qu'Il avait gravi les échelons un à un jusqu'à ce poste bien placé. Alors pour le remercier, ses collègues et ses chefs Lui avaient offert cette belle cérémonie, du bon vin, de beaux discours, un cadeau conséquent (deux semaines de voyage tous frais payés sur une île du Pacifique).

La soirée se déroulait comme prévue, ils causaient forts, se rappelant les bons moments, tous ce qu'Il avait apporté à la boîte, les moments de crises qu'Il avait permis de surmonter, les caps qu'Il avait fait passer à l'équipe, grâce à son charisme et sa volonté...

Elles, par contre, volontairement à l'écart, se remémoraient d'autres instants, moins reluisants : parmi elles, la plus ancienne, par exemple, se souvenait des mains au cul de ses débuts, jusqu'à ce qu'une plus jeune arrive et fasse les frais de Ses débordements. A l'époque, elle n'osait rien dire, ses collègues masculins d'alors, munis de cerveaux déjà ou encore archaïques, riaient et trouvaient ça normal, semblait-il, et tous se permettaient d'ailleurs des remarques salaces.

Elles étaient plusieurs à avoir des moments de ce type en mémoire, et d'autres plus durs encore. Elles pensaient toutes aussi à la petite Marie, pétillante et belle comme un cœur, qui avait peu à peu perdu sa joie de vivre à force de « réunions de travail particulières » avec Lui, et qu'on avait retrouvée un matin pendue dans son bureau avec autour du cou une pancarte écrite de sa main : « salaud de chef violeur ». La pancarte avait disparue assez vite, sans doute parce le flic en charge de l'enquête avait fait ses classes avec Lui et que tous les deux partageaient, en outre, de longues parties de chasse et une vision des femmes comme objets de jeu - pour les hommes de leur trempe.

Mais enfin, la soirée était belle, le vin était bon, le monde (masculin) s'amusait bien.

Elles, de leur côté, échafaudaient divers plans pour enfin accomplir la vengeance qu'Il méritait : le pousser du haut du pont voisin, mettre un peu de cyanure dans Son verre (l'une d'elle s'en était procuré), saboter les freins de Sa voiture, lâcher sur Lui un pit-bull en furie (l'une d'elle avait également dressé une bête dans ce but), on avait même versé un acompte en liquide à un ancien boxeur aux poings d'acier...

Mais comme souvent, le destin contrarie les plans les plus aboutis : aucune d'Elles n'eut la satisfaction de venger ces décennies de remarques désobligeantes, de vision machiste, d'irrespect, de harcèlement et même de viol.

En allant vérifier que Sa voiture n'avait pas été rayée par une « greluche sans permis », comme il se plaisait à éructer, il glissa sur une peau de banane qui avait été déposée là par un de ses petits-fils, pour faire une blague à papy : Sa tête heurta le pare-buffle de Son tank automobile, puis une pierre. Paralysé mais conscient, seul face à sa fin de vie ridicule, Il se vida de Son sang en six minutes environ.

Après le départ d'une vaine ambulance, Ils se saoulèrent en gueulant « contre la municipalité qui n'avait pas nettoyé le trottoir, qu'est-ce que foutent les pouvoirs publics avec nos impôts, merde..., on ferait mieux de partir au Panama, c'est bien la preuve que plus y'a de lois, moins ça marche, merde... », etc... (Des « merdes » gras et sans panache, pas même un « merdre », puisqu'aucun n'avait jamais entendu parler ni de Cambronne ni d'Ubu.)

Quant à Elles, Elles rentrèrent déçues d'avoir été finalement dépossédées de leur vengeance par un satané coup du sort, et amères de n'avoir pas résisté et lutté en leur temps contre la faiblesse des lois et l'omniprésence des hommes aux postes de décision.

Moralité :

Aucune loi n'empêche les salauds
de mourir comme des couillons.

Et c'est très bien comme ça.

Théorie générale du management

1.

Affirmer de grands principes
humanistes et collaboratifs

2.

Pressurer les gens au maximum,
sans inquiétude quant au nombre de tâches
ou leur pénibilité

3.

Dévaloriser et bien préciser
que la faute revient entièrement au salarié,
qui, malgré un management hautement humaniste,
n'a pas réussi à atteindre les objectifs

4.

Virer. Remplacer.

5.

Reprendre en 1.

No like, no job

Madame, bonjour, et bienvenue sur le service d'assistance de Web, Phone & Co, que puis-je pour vous ?

— Bonjour Monsieur, j'ai présentement un problème de téléphone, et...

Avant que de traiter votre problème, je vous prie de bien vouloir donner votre avis sur l'accueil qui vous a été réservé en ce début de conversation, en tapant un chiffre de 0 à 9 sur votre clavier, merci.

— Ah, euh... c'est un peu cavalier, mais bon, vous m'avez dit bonjour fort sympathiquement, je tape 9.

Merci Madame, vous pouvez à présent expliciter votre demande.

— Oui, alors voilà, je n'arrive plus à envoyer de messages, vous savez, les SMS...

A votre service madame, je vais me connecter à votre espace particulier : voilà. Je détecte effectivement un problème : lors *de votre dernier appel téléphonique, pour un problème de répondeur, vous aviez évalué notre agent en mettant la note maximum pour <u>toutes</u> les rubriques. Le logiciel n'est pas programmé pour enregistrer autant de satisfaction, il a donc conclu à une erreur, voire à une fraude de la part de notre employé. Il vous suffira de ne pas noter notre propre conversation de manière entièrement satisfaisante, et votre problème sera réglé.*

– Vous m'en voyez à la fois étonnée, désolée et modérément satisfaite...

Madame, puis-je vous demander si les solutions apportées ont répondu à vos attentes ? Ou puis-je quelque chose d'autre pour vous ?

– Non, c'est parfait, je vais donc...

Merci Madame, je vous prie donc de taper un chiffre entre 0 et 9 pour évaluer le contenu de notre conversation et les réponses apportées.

-Ah, euh... bon d'accord, je tape 9, je crois avoir ma solution.

Merci. Je me permets donc de vous proposer de prendre congé, et je vous informe que cette conversation a été enregistrée afin que notre entreprise puisse améliorer ses services.

– OK, pas de soucis, jeune homme, on a rien dit de très compromettant...hi hi...

Merci Madame. Avant que de nous quitter, je vous remercie de bien vouloir évaluer la manière dont cet entretien a été conclu, en tapant un chiffre de 0 à 9.

– Encore ? Bon, mais en fait j'ai une question : comme je suis contente, je m'apprête à taper 9, mais dans ce cas, mon problème ne sera pas résolu ; et si je ne tape pas 9, je ne serai pas juste et cela pourrait vous porter préjudice en tant que salarié, non ?

Merci Madame, l'évaluation par les clients sert effectivement à améliorer les prestations des collaborateurs, et quand c'est nécessaire, à en recruter de meilleurs, c'est cette politique d'amélioration permanente des services qui vous permet d'avoir à tout moment une réponse adaptée.

– Et concrètement, vous le vivez comment, d'être évalué en permanence par les clients et votre patron ?

Merci, Madame. Nous ne sommes pas autorisés à formuler un avis personnel. En quoi puis-je encore vous être utile en lien avec votre forfait téléphonique ?

– Tout est bon, bon courage à vous…

Avec plaisir, Madame, vous recevrez prochainement un courriel vous invitant à évaluer et liker en ligne l'ensemble de l'expérience d'assistance que vous avez vécue avec nos services.

– Ok, bon courage quand même…

Avec plaisir, Madame.

Trilogie (I)

Chronique inaudible

Lundi 15 janvier, sur une radio publique, chronique d'un sociologue émérite, écouté par 63 personnes (dont aucun dirigeant public ni privé), et qui n'aura aucun poids sur le drame qui se jouera le 25 décembre de la même année.

« Une fois n'est pas coutume, je propose une chronique entièrement sérieuse et sans aucun trait d'humour. Qu'on parle de management, d'économie nationale, d'éducation ou d'emploi, je pense, en tant que sociologue, que les vraies questions à se poser, et qui sont souvent mises de côté, sont les suivantes, et peuvent être groupées en quatre domaines :

1/ L'intérêt pour l'employeur

Combien est-ce que ça rapporte (ou combien est-ce que ça fait perdre) à l'entreprise ou à l'administration :

- d'avoir des gens qui ne pensent qu'à une chose au boulot, c'est de partir retrouver leur famille, avec l'entreprise et son patron dans le rôle des méchants qui les empêchent de voir grandir leurs enfants ?

- d'organiser une partie des horaires pour que leur employés puissent mieux s'occuper de leurs enfants et soient heureux de leur vie et de leur parentalité ?

- d'avoir des employés qui s'endorment en pensant au boulot, qui se réveillent en pensant au boulot ?

- d'avoir des employés qui sont tellement noyés sous la charge de travail qu'ils n'ont aucun espace pour créer, innover, prendre du recul ?

2/ L'intérêt pour la société

Qu'est-ce que cela rapporte ou fait perdre à la société :

- d'avoir des enfants qui ne voient jamais leurs parents ?

- d'avoir des enfants qui, en une journée, passent du lit à la garderie, de la garderie à l'école, puis de l'école à des activités à outrance – ou un passage prolongé par les écrans divers - avant de retourner au lit ?

3/ Les futurs adultes

Quels adultes deviennent des enfants qui…

- …n'ont jamais vu leurs parents disponibles pour eux ?

- …n'ont pas joué avec leurs parents ?
- …ont vu leurs parents collés à un écran en permanence plutôt que de les regarder eux, grandir ?

4/ Les relations humaines

Qu'est-ce que ça donne comme relations humaines et comme société :

- des gens ultra-performants pour consommer, mais quasiment incapables de s'adresser aimablement à leur prochain ?
- des gens qui ont des milliers d'amis sur le net, mais qui ne connaissent même pas l'enseignant de leur gamine en maternelle ? Ni le prénom de leur voisin ?

Tant qu'on ne posera pas réellement ces questions au sein de l'ensemble des institutions et entreprises, il est mensonger de se poser en défenseur des citoyens, en manager efficace ou en dirigeant défendant l'intérêt général.

Responsables de tous horizons, à vos cerveaux.

Et paf. »

Trilogie (II)

Feuille de route

Mardi 16 janvier, au siège du VIC (Verybig International Consortium, pour lequel travaille notamment Andrei)

<u>NB</u> : Texte confidentiel, ne pas diffuser

Messieurs,

Dans une société où le travail est un bien rare, nous pensons qu'il faut officialiser notre position moderne de dirigeants et propriétaires des grandes entreprises (certains ingrats la qualifient de cynique) : vous savez que les possibilités de négociation des salariés se limitent souvent à « Y'a beaucoup de gens qui cherchent du boulot, alors soit tu bosses chez nous, en acceptant les horaires et les conditions de travail, soit tu laisses ta place – ou alors on ferme carrément et on rouvre au Bengladesh ».

Mais, vous en conviendrez, cette situation n'est pas satisfaisante humainement : nous proposons donc, pour achever de « tenir les gens par les couilles » (pardonnez-moi la trivialité de l'expression, qui d'ailleurs s'applique aussi aux femmes, puisque c'est une expression imagée), nous proposons donc de mettre en place, dans toutes nos unités, un référendum interne où les employés auraient le choix entre :

1- Un système où chacun est obligé d'aller travailler en quasi-permanence (disons 17h ou 18h par jour), et doit payer un forfait horaire pour ne pas aller travailler (fixé au niveau mondial), avec un coût majoré si c'est pour passer du temps avec ses enfants et sa famille. Ce forfait pouvant être déduit directement du salaire à l'initiative de l'employeur, notamment lorsque celui-ci suspecte le salarié de communiquer avec sa famille durant le temps de travail.

2- Un système où les employés touchent un salaire permettant de dépasser légèrement le seuil de pauvreté individuel pour environ 65 heures de travail par semaine, mais doivent négocier localement avec leurs dirigeants pour savoir quelle somme leur sera versée pour chaque heure supplémentaire où ils accepteront de travailler au lieu de passer du temps avec leur famille.

Dans les deux cas, nous appuierons de manière fortement médiatisée la mise en place de Comités de Valorisation du Temps Non-Travaillé (les CV-TNT, ça pète comme nom, non ?), qui permettront de décider soit nationalement, soit dans chaque zone géographique :

- combien vaut une soirée passée en famille ?
- combien vaut une heure pour prendre le goûter et faire les devoirs avec ses enfants ?
- quelle valeur monétaire les salariés accordent-ils au temps non travaillé ?

Mais nous sommes cependant modernes, et nous ne voulons bien sûr pas confisquer le pouvoir : ce n'est pas aux dirigeants de décider de ce type de choses, mais bien aux salariés – et ce ne sera pas la faute des patrons si certains salariés préfèrent finalement garder leur job plutôt que d'élever correctement leurs enfants.

Messieurs les dirigeants, soyez fermes, ne vous laissez pas berner par des arguments d'autant plus sentimentaux qu'ils sont le masque de la fainéantise : quand on veut faire plus, on peut faire plus !

Ite missa est, n'ayez aucune inquiétude, comme le chantaient les Beatles : « It's gonna be all right », yeah !

Trilogie (III)

La valeur « travail » et la vie d'Andrei

Mardi 16 janvier, dans la maisonnée d'Andrei

Tit, tiit, tiiit, tiiiit.... 4h25....
tit, tiit, tiiit, tiiiit.... 4h30....
tiit, tiit, tiiiit....
Merde, c'est le réveil, je dois aller bosser !

Remarquez que même au saut du lit, la tête embrumée, j'ai la présence d'esprit de vous dire que je m'appelle Andrei, et que je dois me dépêcher pour attraper mon bus, puis mon métro suivi de mon train pour arriver à l'heure au boulot. Un peu plus tard, ma femme réveillera les enfants, les emmènera à l'école. Je les récupérerai le soir (je les aide à faire leurs devoirs, on papote et on joue, on mange ensemble, je les couche dans la bonne humeur).

Mais aujourd'hui, outre le fait que vous soyez là à m'observer dans mon quotidien (tournez-vous un peu, s-i-you-plait, je m'habille....... voilà, merci), quelque chose semble changé. Je ne sais pas trop, mais l'air est différent et plus lourd, comme si le monde tournait bizarrement.

Allez, me voici au boulot. Et voilà, je le savais ! Réunion de tous les employés (euh pardon, les collaborateurs, nous sommes des collaborateurs, à chaque fois je l'oublie...), rassemblement à 10h00 pour nous expliquer le nouveau mode de décompte du temps de travail. Ça va être sportif.

10h00, salle de réunion

Le grand chef, lui-même mandaté par les super-grands-chefs eux-mêmes payés très cher par les propriétaires de la boîte pour qu'elle rapporte encore plus, nous explique les prochaines étapes qui permettront à tous les collaborateurs de contribuer encore plus au développement de l'entreprise et de participer aux décisions. Après avoir rappelé que le projet de délocalisation en Bulgarie était seulement en suspens, le grand chef nous demande donc de choisir, par référendum, entre trois solutions :

Solution 1 : Vous travaillez a priori de 6 heures à 23h30, sept jours sur sept, mais vous payez à l'entreprise chaque heure que vous voulez passer chez vous (coût majoré si c'est avec votre famille – attention, des contrôles seront effectués à domicile).

Solution 2 : Vous travaillez seulement 65 heures par semaine pour un salaire basé sur le seuil de pauvreté, mais vous pouvez effectuer des heures supplémentaires pour augmenter votre salaire.

Solution 3 : On ferme et on délocalise à l'autre bout du monde. Nous vous garantissons bien sûr votre emploi si vous suivez l'entreprise et si vous acceptez les conditions de travail de l'autre bout du monde.

Après ça, bien sûr, les salariés se mettent en grève. Je rentre chercher mes gamins. Au lendemain d'une soirée du type « je prends sur moi pour le bien-être de mes enfants », je retourne au boulot : toujours la grève, avec d'âpres discussions sur la suite des actions.

De mon côté, si je traduis chacune des solutions proposées dans le quotidien que vous observez aujourd'hui, ça donne :

Solution 1 : Je ne vois plus mes enfants du tout, c'est presque comme si leur père était mort, sauf qu'il apporte un petit salaire.

Solution 2 : J'ai le choix entre ne presque plus voir mes enfants pour assurer un semblant de vie décente, et les voir très peu en étant sûr de ne jamais pouvoir leur offrir plus qu'une vie de misère.

Solution 3 : Elle regroupe les propositions 2 et 3 : salaire de misère, journées sans fin et conditions de travail déplorables, et plus de vie de famille.

Au bout de trois semaines, à bout de souffle, les salariés décident finalement de garder leur boulot, et votent pour la solution n.2. Je fais ma journée de travail, sonné par ce qui vient de se passer. Je rentre chez moi, j'assure mon rôle de père qui « prend sur lui pour le bien-être de ses enfants », et je m'isole dans mon bureau.

D'un côté, un stylo et mon ordi, pour râler, écrire, communiquer, gueuler ma rage devant cette injustice.

De l'autre côté, une solution plus rapide et définitive, du nom de Smith et Wesson, que d'autres ont déjà choisie avant moi – pensez aux salariés de France Télécom...

Aujourd'hui :	**X** mon stylo	☐ mon flingue
Demain :	☐ mon stylo ?	☐ mon flingue ?

Dimanche 25 décembre, maisonnée d'Andrei, onze mois après la grève de début d'année :

Maman, pourquoi il est parti dans l'ambulance, papa ?

Maman, pourquoi tu pleures ?

Maman, tu crois que j'aurai un beau métier comme papa, plus tard ?

Servir ou se servir
Simplicité enfantine

Le fils : Je sers, tu sers, il ~~serre~~, il sert, pff... pas facile la conjugaison. Marre de l'école primaire, moi... Au fait, Papa, ça veut dire quoi le « service public » ? Ça veut dire que ça sert à quelque chose ?

Le père : Euh, oui, bien sûr : en fait, le service public, ça permet de s'assurer que tout le monde peut accéder à certaines informations, à certaines aides et *services*, justement (les transports en commun, les hôpitaux, les écoles, la police, etc...). Ça permet de redistribuer plus équitablement des ressources qu'on a jugées communes, et indispensables à tous.

Fils : D'accord, mais est-ce que le service public, ça peut servir à autre chose ?

Père : A autre chose ? Qu'entends-tu par-là, mon fils adoré mais surprenant ?

Fils : Ben, à la télé, mon chanteur préféré, y disait : « Je me suis servi de l'émission *Jeunes rockers du Berry* comme d'un tremplin pour ma carrière ». Alors, est-ce qu'on peut se servir du service public comme d'un tremplin (du coup, il servirait différemment) ?

Père : Mon fils, c'est une très bonne question. Pour te répondre, je dois te préciser que le service public ne souffre aucune entorse à l'éthique, ni le moindre détournement dans la gestion des biens communs.

Fils : On dirait un peu ta réponse quand je te demande si je peux passer la nuit chez mon copain Arthur... tu ne réponds pas vraiment.

Père : C'est vrai fiston, bon, je crois qu'il est temps de rentrer un peu dans les détails, tu es assez grand, à présent. Alors, vois-tu, dans le service public comme ailleurs, en général on est là pour effectuer une tâche utile, en d'autres mots, on est là pour « rendre service » aux gens en échange d'un salaire : mais certains parviennent aussi à se servir de leur poste et donc parfois du service public (tout en le servant aussi en même temps, ou pas), ce qui pose la question de savoir si on peut réellement servir tout en se servant... Tu suis, jusqu'ici ?

Fils : Euh...

Père : Bon, je vais prendre un autre exemple : quand ton chanteur préféré participe à un concert de charité (par exemple, les Enfoirés), penses-tu qu'il sert la cause du concert (en apportant sa notoriété pour vendre encore plus de disques, et donc apporter plus d'argent aux gens qui en ont besoin ?) ou bien penses-tu qu'il participe à ce concert pour s'assurer une visibilité plus grande et une meilleure image (on le verra sur des disques, affiches, sur internet, etc... et il aura une image plus humaniste) ? Et au final, la somme qu'il permettra de faire gagner à l'association sera-t-elle plus importante que celle qu'il gagnera lui en étant plus connu ?

Fils : Ah ouais ! Quand même, tu réfléchis sérieux, toi !

Père : Ben oui, faut croire que les parents sont pas forcément des crétins.

Fils : Mais quand même, les idéaux, servir les autres, tout ça, c'est beau, mais moi, si je peux pas mettre sur mon CV que j'ai fait tel ou tel stage (grâce à tonton qui a ses entrées où tu sais), je ne vais pas aller très loin...

Père : Oui, bon, je ne dis pas qu'il faut bosser sans jamais penser à soi. Mais on peut faire son travail correctement, en se protégeant et en construisant sa carrière, sans pour autant « déraper ». Malheureusement, certains se disent : « On a servi, on s'est impliqué, maintenant, on peut se reposer et en profiter un peu, non ? ». D'autres mêmes se servent plus ou moins directement dans la caisse. Il y a des lois qui interdisent d'utiliser l'argent ou les biens publics pour son propre profit, mais...

Fils : Pourquoi tu dis « mais... » ? Je croyais que le service public ne souffrait aucune entorse à l'éthique, et bla, bla, bla...

Père : En théorie et si on est intègre, oui. Quand il y a détournement manifeste, il y a des actions en justice (souvent longues). Mais dans la pratique et au quotidien, c'est un peu plus difficile de démêler les choses, et c'est d'autant plus difficile quand on s'élève dans les responsabilités.

Fils : Et est-ce qu'on pourrait se débrouiller sans le service public ?

Père : Ça, ça dépend de plein de choses : de tes revenus, de ton entourage, de ta famille, de la chance, etc... Mais soyons plus positif : si on allait plutôt écouter un concert de musique néo-dodécaphonique en sirotant un smoothie de courgettes bio ? »

Fils : « Ah ouais alors ! T'es vraiment trop cool, papa ! »

Mal-être

Quand tu as la sensation de ne plus toucher terre

Quand tu en fais toujours plus dans l'espoir qu'en en faisant plus, tu en auras ensuite moins à faire

Quand tu fonctionnes en « pilote automatique »

Quand tu n'arrives même plus à fermer les yeux alors même que tu es mort de fatigue

Quand tu te réveilles à 3 heures du matin chaque nuit en pensant à ton boulot

Quand tu as peur d'ouvrir un dossier, quand tu repousses le moment où tes yeux verront le contenu d'un message posé sur ton bureau

Quand tu dois travailler en sachant que des décisions aberrantes sont prises pour toi et tes collègues

Quand tu n'arrives plus réfléchir

Quand tu croules sous les tâches, que tu ne vois même pas la fin de la liste

Quand tu dois expliquer à ton patron, que non, ça, ça n'est pas légal

Quand ton visage est déconfit en arrivant au boulot, et que ta tête explose en sortant le soir

Quand l'ensemble de ton temps de travail devient une lutte

Quand l'envie de pleurer te prend alors que tu n'es même pas en train de regarder *Grey's Anatomy*

Quand ton estomac te brûle au réveil et au coucher

Quand les moments où tu te sens compétent deviennent des exceptions

Quand tu n'en peux plus, quand tu n'en peux mais...

Alors, peut-être est-il temps de s'arrêter.

Avant de craquer ou de faire une vraie connerie.

Peut-être est-il temps de changer de boulot.

Avant de devenir mauvais.

Peut-être est-il temps de passer du mal-être à…. ma lettre...

« Ma lettre » de démission !

(Ben quoi, faut bien rire un peu... et ceux qui n'aiment pas mon humour, sortez, vous êtes virés.)

Le cas Rocky

Ouais mec ![1]

Moi, j'suis parti d'en bas, mais j'en voulais. On m'a jamais aidé, on m'a plutôt mis des bâtons dans les roues.

Mais j'en voulais, j'avais la gnaque.

Alors j'ai bossé, comme un fou, j'en f'sais trois fois plus que les autres, rien ne pouvait m'arrêter. Je bossais dehors, dedans, la nuit, le jour, je m'inventais mes propres challenges.

Quand les autres, là, les p'tits bourgeois, ils avaient leurs cours bien proprets, ben moi, je me démerdais avec les miettes, comme d'autres tapent dans des carcasses.

Et tout ça pendant des années...

Ben ouais mon gars, y'a qu'ça d'vrai : faut en vouloir, à mort, ou bien t'es rien. Faut s'donner à cent pourcents, faut dev'nir c'que tu vises, de tout ton corps, 24 heures sur 24.

---

1 Dans les années 2000/2010 environ, cette locution se traduirait par « Wesh pélo » : pour le reste du vocabulaire volontairement suranné, consulter le dictionnaire de l'époque.

Et j'en ai fait des sacrifices : famille, vacances, sommeil...

Mais là, tu vois, ça paye : c'est comme ça qu'on fabrique les héros, les gens qui font rêver, les gens dont on fait des films.

Les gens qui parviennent à accomplir ce que les autres pensent impossible.

Et moi, je suis devenu ça, à force de travail.

Je serai heureux de mourir en étant devenu ce que je voulais.

Rien que ça...

Eh ouais...

J'sais pas si j'te l'ai d'jà dit, mais…. j'suis parti d'en bas mon gars.

Sauf que moi, j'en voulais, et j'te garantis qu'on m'a jamais aidé, on m'a plutôt mis des bâtons dans les roues...

Et ouais, mec...

Dix bonnes raisons
de ne pas travailler 24 heures sur 24

Retenez bien que si vous travaillez vingt-quatre heures sur vingt-quatre :

1.

Personne ou presque ne vous remerciera

2.

Ça ne suffira quand même pas pour tout faire,
le travail, c'est sans fin

3.

Vos amis, votre famille ne sont pas
moins importants que votre boulot

4.

Vous risquez de vous réveiller au bout de quarante ans en
vous demandant ce que vous avez fait de votre vie

5.

L'ennui, le rêve, le temps libre favorisent la créativité :
quand on travaille trop, on travaille mal

6.
Ne préféreriez-vous pas quand même avoir
deux fois plus de vacances ?

7.
Le cerveau a besoin de se reposer, tout comme le corps

8.
Ceux qui profitent de votre travail acharné le méritent-ils
tous ? (un chef tyrannique et/ou fainéant ? Des actionnaires
qui vivent du travail et de l'argent des autres ?)

9.
Ce n'est pas parce qu'on serine « la valeur travail » à
longueur de médias qu'elle est la seule valable
ou la plus importante...

10.
Un peuple entier de travailleurs acharnés qui n'aurait plus le
temps de réfléchir et d'avoir un regard critique,
ça ne vous inquiète pas un peu ?

Controverse sur l'opportunité de délocaliser à l'autre bout du monde

Mr A : Rendez-vous compte, là-bas, je diviserais le coût de la masse salariale par dix ou par vingt… alors, imaginez mes marges !

Mme B : Bah…, vous savez, aujourd'hui, les salaires stagnent chez nous aussi (alors qu'ils montent là-bas), et on s'arrange toujours un peu à notre avantage, quand on est une immense entreprise…

Mr A : Oui mais, là-bas, je pourrais virer qui je veux, quand je veux, c'est plus souple, quand même !

Mme B : Certes, certes… Mais moi, je passe par des filiales, et des sous-traitants qui eux-mêmes sous-traitent… c'est rarement mon entreprise qui licencie… et puis en interne, on aide les gens à avoir envie de démissionner (ça s'appelle un accompagnement social, on peut même avoir des aides pour ça !)

Mr A : Peut-être, mais sur un point, vous n'aurez pas gain de cause : là-bas, je pourrais imposer des journées de 18 heures, et oublier les règles de sécurité si coûteuses…

Mme B : Mais que croyez-vous ? Pensez-vous qu'ici, on les respecte, les règles de sécurité ? L'essentiel est de ne pas se faire pincer, et il y a si peu de contrôles. Regardez dans la grande distribution, le « hard discount », la vente en ligne…

Mr A : Mais alors, vous pensez que…

Mme B : Mais oui ! Restez avec nous, on est ici aussi bien qu'au bout du monde (d'autant que nous travaillons sans relâche à améliorer les lois).

Mr A : OK, je tente le coup. Et je viens d'y penser : pour augmenter mes marges et le prix de vente sans rien changer, je n'ai qu'à indiquer « conditionné en France » ?

Mme B : Eh bien voilà, vous apprenez vite finalement !

La destruction du sens

ou

Une journée en campagne

- Hommage à Franck Lepage -

10h00 : **Foire aux bestiaux de Morne-la-Plaine**

« Chers concitoyens, le territoire, qui est une formidable richesse, ne pourra fructifier que si nous rationalisons les moyens affectés aux nouveaux usages, dans une démarche éthique de benchmark territorial : en faisant participer les citoyens en mode transversal et collaboratif, bien sûr, et en rebouclant régulièrement avec ce qui est l'ADN de l'action publique : mais pas que ! Grâce à la concertation que je réalise au quotidien (et croyez-moi, je retrousse les manches !), nous pouvons à présent backuper vers l'ensemble des forces vives, et repartager ce qui fait sens pour notre territoire, qui est une formidable richesse. Je lève mon verre à Morne-la-Plaine et à ses élevages réputés ! »

11h15 : **Cérémonie d'intronisation de la Confrérie des Adorateurs de la Saucisse Berrichonne**

« Chers amis de la saucisse berrichonne, je sais que vous serez d'accord avec moi pour convenir, avec ferveur, que le territoire, qui est une richesse, ne pourra fructifier que si nous repartageons les formidables moyens affectés aux usages, dans une nouvelle démarche éthique de benchmark territorial : en faisant participer les forces transversales en mode collaboratif, bien sûr, et en rebouclant régulièrement avec ce qui est l'ADN de notre territoire : mais pas que ! Grâce à la vive concertation que je réalise (et croyez-moi, je retrousse les manches au quotidien !), nous pouvons à présent backuper vers l'ensemble des citoyens, et rationaliser ce qui fait sens pour l'action publique, qui est une formidable richesse. Longue vie à la confrérie ! »

12h30 : **Rencontre avec les agents des communes du canton**

« Chers agents, je ne vous poserai qu'une seule question : qui peut me reprocher d'avoir perdu tout lien avec la réalité lorsque j'affirme que le territoire, qui est une formidable richesse, ne pourra fructifier que si nous rationalisons les nouveaux usages du benchmark faisant sens dans une démarche collaborative ? En faisant participer les forces vives en mode transversal et éthique, bien sûr, et en repartageant ce qui est l'ADN de l'action publique : mais pas que ! Grâce à la concertation que je réalise au quotidien (et croyez-moi, je retrousse régulièrement les manches !), nous pouvons à présent backuper les moyens affectés à notre territoire, et reboucler avec l'ensemble des citoyens, qui sont une formidable richesse territoriale. Malgré les restrictions budgétaires et la lourdeur de la charge, restons rassemblés pour atteindre ce noble objectif ! »

16h30, **Discours à l'assemblée nationale**

« Monsieur le président, messieurs les députés, chers confrères, vous le savez, depuis plusieurs années, ma constance politique m'a poussé à défendre une idée principale : c'est de garder le lien avec la réalité du territoire et des êtres humains. C'est pourquoi, je vous le dis : le territoire, qui est une formidable richesse, ne pourra faire sens au quotidien que si nous faisons fructifier les moyens affectés à la concertation, dans une démarche de rationalisation éthique : en faisant participer les forces vives à l'ensemble des territoires, bien sûr, et en repartageant régulièrement ce qui est l'ADN du benchmark : mais pas que !

Grâce à l'action publique que je réalise sur le territoire (et croyez-moi, je retrousse les manches en mode transversal et collaboratif !), nous pouvons à présent backuper vers les citoyens du territoire, et reboucler avec ce qui fait sens pour les nouveaux usages, qui sont une formidable richesse. Et faites-moi confiance, je m'y tiendrai ! »

20h00, à part, **au Directeur des Services**

« Bon, Michel, vous vous démerdez, mais vous diminuez le budget de 25%, vous arrêtez de remplacer ces départs en retraite et vous mettez le paquet sur les opérations médiatiques pour montrer qu'on agit. Laissez mariner un peu les équipes, le temps que chacun se rende compte que dans l'urgence on peut faire plus avec moins, et que finalement, ce qui est l'urgence aujourd'hui sera la situation normale de demain (de toute façon, on va progressivement virer les anciens, au bout d'un moment, personne ne se souviendra plus de ce qui se passait il y a 5 ans...). Allez Michel, c'est pas sorcier, gardez le sourire : vous, au moins, vous avez compris le discours, ha ha ha ! »

La béquille ou le pilotis

Quand on accepte une béquille, c'est, momentanément,
Pour soulager un membre blessé,
Dans l'espoir qu'on puisse, ensuite, à nouveau s'en passer.

Les pilotis eux, sont des fondations :
Sans eux, on coule, on se noie,
Ils nous maintiennent hors de l'eau, ils étaient là avant nous, avant le sol ou les murs,
Ils sont bien plus solides que nous, d'autres bâtisses s'y appuieront
Lorsque notre carcasse, plafonds et murs, sera mangée aux vers ou bien pourrie.

Pas d'pot, cette fois, la vie te brise, des avaries ?
Tu divorces, ton ado est dur à gérer ?
Mais avec un bon coup de collier, tu réussis dans ton boulot, c'est ça qui te maintient à flot, quelques temps :
Tu as pris une béquille, soit, le temps de colmater les fuites, ailleurs...

Mais pour toi qui, dès le départ, ou avec le temps
Vois ta béquille-boulot, ton boulot-béquille
Devenir stable, permanent,
Devenir ta colonne vertébrale, ton fondement,
Alors même que le reste semble s'améliorer...
Toi tu t'en cognes, du reste !
Ce qui compte, c'est le boulot, le boulot, le boulot, le boulot,
Qui déborde le soir, le matin, le week-end, la nuit.
Le monstre a faim, il en veut toujours plus.
Tu veux chaque jour montrer que tu en fais plus que la veille,
tu assures, tu gères.

Le reste s'effiloche, sans que tu t'en aperçoives,
Tes amis ne sont plus que des souvenirs,
Tout comme le temps où tu prenais le temps.
Le seul moyen alors d'éviter le déplaisir,
C'est de ne jamais perdre de temps à ne rien faire ;
Le seul moyen alors de travailler plus serein,
C'est de travailler plus :
« I will work harder » disait le bon Boxer
- qu'on a bien remercié de sa vie de labeur, en lui payant une fin de course aux abattoirs.

Il n'est jamais trop tard
Pour inverser la tendance,

C'est juste plus dur de percer
Quand le cuir est épais,
Plus dur de se relever
Quand on n'a plus de souplesse.

Mais il n'est jamais trop tard.

Ce qui n'existe pas

Cher lecteur, attention : en ce qui concerne le monde du travail, je me dois de vous avertir de deux règles bien souvent imprescriptibles – et de simple bon sens, mais mieux vaut prévenir que guérir. Les voici :

Règle n. 1
Vous pouvez parler sans aucun problème ni inquiétude de tout ce qui existe.

Par exemple, on peut dire :

- ✓ ah... créer de la valeur, de l'innovation !
- ✓ ah... participer à l'activité, à la vitalité du pays !
- ✓ ah... permettre à des gens d'avoir un boulot et de vivre !
- ✓ ah... avoir des salariés motivés et investis !
- ✓ ah... rationaliser l'utilisation de l'argent public !
- ✓ ah... libérer la créativité !

Et cela est beau, convenez-en.

Règle n. 2

Par contre, il ne faut jamais rien dire de <u>ce qui n'existe pas</u> : par exemple, nous ne pouvons absolument pas évoquer :

- ✓ Les salariés de la grande distribution ou du commerce en ligne, qui portent des tonnes de colis chaque jour, avec l'interdiction de parler à leurs collègues, et dont les corps seront définitivement usés au bout d'un an...

- ✓ Les harcèlements et pressions de toutes sortes, envers les femmes, les salariés précaires, etc...

- ✓ Le salaire minable d'un employé qui fait systématiquement 50 ou 60 heures dans la semaine...

- ✓ La volonté tenace de faire travailler les salariés à n'importe quel moment, aux horaires où « on en a besoin », sans aucune limite - et s'ils ne sont pas contents, on les vire, y'a plein de chômeurs qui attendent la place !

- ✓ Les équipes pressurées jusqu'à l'os par l'ajout régulier de nouvelles missions sans recruter personne...

- ✓ Les dirigeants qui agissent uniquement pour le pouvoir et pour l'argent, au mépris du reste de l'humanité...

- ✓ La conséquence logique des réductions de budgets publics, à savoir la disparition de certains services, et une moindre redistribution des ressources communes.

Explication de ces deux règles

« Pourquoi ces règles ? », vous demandez-vous naïvement.

Tout d'abord, parce qu'on est bien content que les choses qui existent soient les seules à exister, car dans le cas contraire, on serait bien obligé de prendre en considération ce qui existerait alors et qui serait sûrement très différent de ce qu'on connaît, et alors là, la vie et le travail seraient bien différents également, hou la la, hou la la, hou la la.

Mais tout simplement aussi parce que mentionner des choses qui n'existent pas peut avoir des conséquences très néfastes pour un certain nombre de gens, et en premier lieu pour ceux qui s'échinent à appliquer un management merveilleux, une formidable politique publique, ou une admirable stratégie d'entreprise dont aucune fausse note ne s'échappe : cela pourrait à la fois saper leur autorité, et leur faire perdre de l'argent, hou la la, hou la la, hou la la.

Fort heureusement, pour éviter de faire exister ce qui ne doit pas être, le plus simple reste encore de ne pas le nommer, ainsi, sans les mots, on est à peu près tranquille... Jusqu'à ce qu'un imbécile vienne éventuellement parler de « chômage », de « pauvreté », de « conditions de travail », de « pénibilité », d'« environnement », d' « intérêt général », etc...

Mais on aura tôt fait de lui inculquer ces deux règles, et de lui faire chausser de bonnes lunettes : les bonnes lunettes qui lui permettront de voir la vie comme elle est (c'est à dire, uniformément et indiscutablement rose).

Mémo de Manipulation Managériale

Par un heureux concours de circonstances, nous avons pu nous procurer un document interne à l'**Institut de Management par l'Exemple**, récapitulant les savoir-faire et savoir-être visés en Master 2 « **M3D** » *(Manager, Manipulateur, Malsain et Destructif). La lecture de ce document nous a semblé se suffire à elle-même, ce pourquoi nous n'en ferons pas d'analyse.*

A/ COMMUNIQUER

— Avant tout, montrer qu'on agit et qu'on sait (même et surtout lorsqu'on n'a pas les connaissances nécessaires et/ou qu'on n'agit pas) ; laisser penser qu'on a énormément de technicité et de connaissances théoriques. Notez que les éléments de communications pourront servir plus tard à étayer votre candidature sur d'autres postes.
— Valoriser et mettre en avant soi-même la réussite de sa propre action, et bien rappeler à de multiples occasions et devant chaque auditoire que tout le monde souligne le caractère exceptionnellement novateur et efficace de la méthode employée.

-Ne pas tolérer que quiconque suggère quelque imperfection que ce soit dans le tableau merveilleux que donne le manager de sa propre action : sanctionner toute personne qui tenterait de relativiser cette vision d'un travail humain, collaboratif et efficace.

-Imposer des « éléments de langage » à toute son équipe pour toute communication extérieure

B/ COMMUNIQUER DANS L'ADVERSITÉ

− Faire sentir ce qui ne va pas, mais ne pas l'expliciter entièrement, et travailler à ce que les gens intègrent la culpabilité d'avoir mal fait sans même qu'on leur précise leur faute

− En réunion, lorsque quelqu'un développe une idée avec laquelle on n'est pas d'accord :

- Lui couper la parole, passer directement à un autre sujet après sa dernière phrase, ou lors d'un petit temps de pause de son discours, pour que son intervention tombe à l'eau (ne pas laisser le débat s'installer)
- Lui faire un reproche de manière inattendue et brutale devant tous les autres employés, pour le mettre mal à l'aise, surtout si c'est un agent dont le profil laisse penser qu'il ne voudra pas faire d'éclat

– Laisser « pourrir » les questions : d'abord ne pas répondre, puis finalement, après trois relances, répondre en faisant sentir que c'est une demande vraiment déplacée

– Ne pas formuler d'éléments négatifs ou critiques en direct devant tout un groupe quand cela concerne tout le groupe, mais les dire à chacun individuellement en-dehors de la réunion (préciser à chacun qu'il a mal agit, qu'il ne joue pas le jeu de la coopération, etc...)

– En entretien individuel, ne pas reprocher de faits précis, mais parler d'ondes négatives, de ressenti, de « j'ai l'impression que tu es en retrait » ; ne pas aborder de points factuels (pour ne pas avoir à les justifier)

C / NIER LES PROBLÈMES – PRESSURER

– Ne prendre en compte ni le travail réel ni la situation réelle des employés

– Pressurer, faire travailler dans l'urgence

– Demander sans cesse de remettre à plus tard le « cœur de métier » et le travail du quotidien, pour réaliser les autres tâches demandées par le manager

– Ne pas prendre en compte le fait que les salariés ont un week-end, des vacances, une vie privée et de multiples tâches à effectuer (par ex : envoyer un mail le vendredi soir à 19h30, puis un texto le lundi matin pour dire : je ne comprends pas, je n'ai pas eu ta réponse, tu ne joues pas le jeu de la collaboration).

D/ AFFIRMER DE GRANDS PRINCIPES

– Toujours présenter et formuler les choses de manière à ce que les demandes, objectifs et actions revêtent les aspects de l'intérêt général de l'entreprise ou du service, et de l'intérêt même des collaborateurs qui vont réaliser les tâches, pour qu'ils aient l'impression de lutter contre eux-mêmes s'ils ne font pas la tâche qu'on leur demande (même si par ailleurs ils se rendent bien compte que l'action est aberrante et qu'elle les dessert).

– Instituer et présenter la coopération comme une règle de base partagée par toutes et tous, pour pouvoir ensuite reprocher aux gens de ne pas vouloir coopérer lorsqu'ils ne font pas ce qu'on leur dit (ou lorsqu'il affirment ne pas pouvoir faire ce qu'on leur dit de faire)

– Affirmer clairement, en présentant cette position comme novatrice et anti-système, que les biens communs et l'intérêt général sont des valeurs primordiales, et qu'il faut un fonctionnement qui les affirme et les prenne comme base théorique (seulement théorique, ne surtout pas se lancer dans les applications ou implications concrètes !).

E/ NE PAS SUIVRE TROP PRÉCISÉMENT LES GRANDS PRINCIPES

– Bien sûr, ne pas appliquer à soi-même les règles qu'on donne (exemple, pour la coopération : garder les informations pour soi, travailler dans une grande confidentialité)

F/ STRATÉGIE - DIVISER POUR MIEUX RÉGNER

– Ne pas entrer en confrontation directe, mais établir des appuis de tous côtés pour contraindre les salariés ou agents, sous couvert d'arguments tout à fait justifiables
– Toujours affirmer que le problème rencontré n'est partagé par personne d'autre, que la personne qui s'exprime est la seule à avoir ce problème
– Communiquer de manière proche et confidentielle avec telle personne (tel acteur) et jouer sur le fait que les différents acteurs ne communiqueront pas entre eux (parce qu'ils sont en opposition, ou en concurrence, par exemple)

G/ ET SURTOUT : NE DOUTEZ JAMAIS DE VOUS !

Bulles

Cochez la case correspondant à votre choix :

☐ **Choix n. 1**

☐ **Choix n. 2**

Épitaphe

Ci-gît
Albert Untel

Employé modèle, mort à 62 ans,
qui travaillait chaque mois un peu plus que le précédent,
qu'on n'a jamais vraiment écouté,
et qui n'eut de reconnaissance que cette phrase historique
prononcée par son chef de service le 23 mai 2016,
lendemain de l'annonce de son cancer
et veille de son suicide :

« Cher collaborateur, je tiens à vous dire
que vous faites un travail formidable,
mais vous n'êtes pas sans savoir
que la période est difficile ».

L'entreprise reconnaissante,
à ses travailleurs.

Sommaire

1. **Échauffement** (p.9)

2. **Le pourquoi des choses** (p.13)

3. **Oui, on peut être chef ET incompétent** (p.17)

4. **Où se pose le regard** (p.23)

5. **Écrasement progressif de la force de travail** (p.27)

6. **Ailleurs peut-être** (p.33)

7. **elles et Lui** (p.35)

8. **Théorie générale du management** (p.39)

9. **No like, no job** (p.41)

10. *Trilogie*
    I. **Chronique inaudible** (p.45)
    II. **Feuille de route** (p.49)
    III. **La valeur « travail » et la vie d'Andrei** (p.53)

11. **Servir ou se servir** (p.59)

12. **Mal-être** (p.65)

13. **Le cas Rocky** (p.69)

14. **Dix bonnes raisons pour ne pas travailler 24 heures sur 24** (p.71)

15. **Controverse sur l'opportunité de délocaliser à l'autre bout du monde** (p.73)

16. **La destruction du sens – une journée en campagne** (p.75)

17. **La béquille ou le pilotis** (p.79)

18. **Ce qui n'existe pas** (p.83)

19. **Manuel de manipulation managériale**, document interne à la formation de Master « M3D » / *Institut de Management par l'Exemple,* Untersohnenblumen-am-Main (p.87)

20. **Bulles** (p.92)

21. **Épitaphe** (p.95)